VENTE

Du Samedi 26 Avril 1913

HOTEL DROUOT, SALLE N° 11

A 2 HEURES

ANTIQUITÉS

OBJETS D'ART

COMMISSAIRE-PRISEUR

Me F. LAIR-DUBREUIL

EXPERT

M. HENRI LEMAN

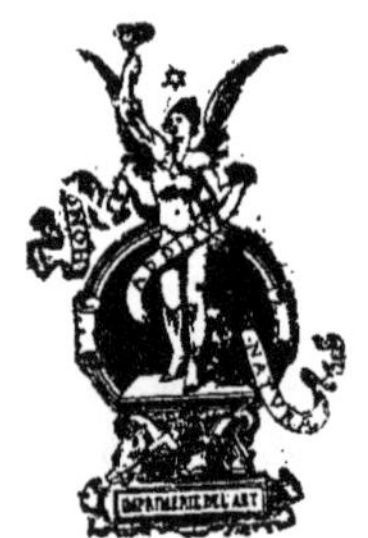

CATALOGUE

DES

ANTIQUITÉS

VERRES, TERRES CUITES, BRONZES, ETC.

OBJETS D'ART

ET DE

CURIOSITÉ

CÉRAMIQUE, VERRERIE, BRONZES

OBJETS VARIÉS

TABLEAUX ET MINIATURES

Le tout appartenant à M. S***

DONT LA VENTE AUX ENCHÈRES PUBLIQUES

POUR CAUSE DE DÉPART

AURA LIEU

HOTEL DROUOT, SALLE N° 11

LE SAMEDI 26 AVRIL 1913

à deux heures

Me F. LAIR-DUBREUIL
COMMISSAIRE-PRISEUR
6, rue Favart

M. HENRI LEMAN
EXPERT
37, rue Laffitte

EXPOSITION PUBLIQUE

Le Vendredi 25 Avril 1913, de 1 heure 1/2 à 6 heures

CONDITIONS DE LA VENTE

Elle sera faite au comptant.

Les adjudicataires paieront *dix pour cent* en sus des enchères.

Paris. — Imp. de l'Art, Ch. Berger, 41, rue de la Victoire.

DÉSIGNATION

ANTIQUITÉS

VERRERIE

1 — Coupe en verre laiteux antique à bords épais. Elle est ornée au pourtour de godrons et à l'intérieur d'un cercle gravé à la meule. Syrie.

2 — Lécythe en verre jaune à goulot trilobé, orné d'une cordelette de verre bleu. Syrie.

3 — Vase-balustre à panse sphérique et muni de deux anses. Goulot surélevé à orifice légèrement évasé. Verre antique. Irisation nacrée. Syrie.

4 — Petit flacon en verre antique moulé. Il présente deux têtes d'enfants adossées. Goulot court légèrement évasé à l'orifice. Sous le fond, marque de verrier présentant un quadrupède passant à gauche. Syrie.

5 — Quatre petits flacons en verre antique, de formes variées.

6 — Petit alabastrum en verre bleu turquoise. Il est orné de cercles et de chevrons jaune, vert et bleu. Phénicie.

7 — Alabastre en verre opaque, orné de deux petites anses latérales et décoré de cercles incrustés en pâte jaune. Phénicie.

8 — Petit vase en verre opaque, en forme de balustre, à décor de cercles et de chevrons jaunes et bleus. Phénicie.

9 — Lot de colliers, composés de perles de verre antique multicolore.

10 — Lot de bracelets en pâte de verre antique multicolore. Neuf pièces. (A diviser.)

TERRES CUITES

11 — Petite statuette en terre cuite antique : Vénus debout, ayant près d'elle un vase à parfums, la jambe gauche couverte d'une légère draperie. Socle mouluré.

12 — Groupe de deux personnages : Femme vêtue d'une longue robe collante. Assise, tendant son pied à un homme placé près d'elle et paraissant la chausser. Terre cuite. Travail antique.

13 — Petit buste de Jupiter Serapis et une tête de femme couronnée de fleurs en terre cuite antique. Deux pièces.

14 — Deux pièces en terre cuite antique : Buste de Silène barbu, tenant une coupe de ses deux mains ; petite statuette de personnage étendu.

15 — Deux bas-reliefs antiques en terre cuite, l'un présentant un buste d'enfant et l'autre une tête de Silène.

16 — Petit vase en terre cuite antique simulant une amande.

17 — Bas-relief rectangulaire en terre cuite, présentant deux statuettes de femmes drapées disposées de chaque côté d'un mascaron. Bordure de godrons à la partie inférieure et moulures à la partie supérieure.

18 — Lampe romaine en terre cuite antique ; le dessus présente un personnage accroupi et divers animaux.

19 — Diverses petites lampes antiques en terre cuite, dont l'une à deux becs ; les autres portent diverses inscriptions gravées. Ensemble : sept pièces.

20 — Deux coupes en poterie noire antique, l'une porte l'inscription étrusque, l'autre présente des ornements géométriques et des palmettes incrustées.

21 — Vase, en forme d'amphore, en terre noire antique.

22 — Deux autres vases, en forme d'amphore, à deux anses, en terre noire antique.

23 — Deux vases à panses ovoïdes ornées de godrons et munis d'une anse latérale; et une petite coupe sur piédouche décorée sur le bord d'une inscription étrusque gravée. Trois pièces antiques en poterie noire.

24 — Petite coupe, vases, couvercles en poterie étrusque. Sept pièces.

25 — Un lot de colliers, composés de perles antiques en terre émaillée.

26 — Deux colliers, composés de perles de terre émaillée antique, de travail égyptien, et portant différentes amulettes et scarabées avec inscriptions hiéroglyphiques.

BRONZES

27 — Divers cachets en bronze antique avec inscriptions romaines, de formes diverses, et munis chacun d'une poignée en forme d'anneau. Ensemble : neuf pièces.

28 — Divers cachets en bronze antique, de formes variées. Ils sont munis d'un anneau, gravé pour quelques-uns d'un contre-scel. Époque romaine. Neuf pièces.

29 — Collection de petits cachets en bronze antique, de modèles variés, avec inscriptions romaines.

30 — Une grande fibule en bronze, de forme arquée. Deux autres fibules de modèles variés. Une agrafe de forme ronde. Une agrafe et crochet à têtes d'animaux. Époque romaine. Ensemble : cinq pièces.

31 — Diverses fibules en bronze antique d'époque romaine, de modèles variés.

32 — Série de fibules étrusques en bronze, quelques-unes portent encore des anneaux passés dans l'épingle.

33 — Une serrure, de forme cylindrique, en bronze antique, décorée d'ornements annelés.

34 — Série de clés, de modèles variés, à poignées en forme d'anneaux et quelques-unes en forme de bagues. Époque romaine.

35 — Spatules, aiguilles et un hameçon en bronze antique. Époque romaine.

36 — Petites balances en bronze, à fléaux avec plateaux suspendus à des chainettes. Époque romaine.

37 — Un lot d'anneaux et de bracelets, de modèles variés, en bronze antique.

38 — Deux plateaux provenant de candélabres en bronze antique, l'un d'eux orné d'une inscription.

*

39 — Lot de perles en bronze antique, différents anneaux et appliques en bronze antique.

40 — Différents anneaux et crochets en bronze antique.

41 — Différentes pièces en bronze antique : fléau de balance, crochet, pince, chaînette, etc. Époque romaine.

42 — Chaînette, composée de quatre maillons réunis par des anneaux circulaires et ayant pu servir de mors de filet.

43 — Un mors de filet en bronze antique, composé de deux maillons longs disposés en torsade et munis de deux branches courtes et ajourées en forme de croissant. Époque romaine.

44 — Deux éperons en bronze. Époque romaine.

45 — Deux lances en bronze antique, en forme de feuille, et une hache à tranchant arrondi. Trois pièces.

46 — Un manche de clé et un pied de meuble, façonnés tous deux en forme de lion. Bronze antique.

47 — Pied de tabouret en bronze antique, en forme de patte de lion. Jolie patine verte. Époque romaine.

48 — Anse de vase en bronze antique, ornée d'une tête de bouc. Anse de vase, ornée de deux têtes vues de profil et d'un mascaron à tête humaine sur la plaque d'attache. Deux pièces.

49 — Anse de vase en bronze antique. Elle est ornée d'un lion émergeant d'un fleuron épanoui. Époque romaine.

50 — Trois simpulums en bronze à patine verte, à longs manches terminés par des têtes de cygne. Époque romaine.

51 — Crochet à griffes à tige simulant un tronc d'arbre ébranché. Bronze antique à patine verte.

52 — Vase couvert en bronze antique.

53 — Vase en bronze antique, à panse légèrement aplatie, à goulot évasé, et muni d'une anse dont l'attache simule une feuille. Patine verte rugueuse. Époque romaine.

54 — Vase, de forme analogue. Patine bleu clair. Bronze antique. Époque romaine.

55 — Petit vase, de forme balustre, en bronze antique. Il est orné d'une inscription étrusque gravée sur le bord supérieur. Il est muni d'un petit couvercle en forme d'ombilic.

56 — Petit socle rectangulaire en bronze antique, portant une longue inscription étrusque.

57 — Un poids en bronze antique, portant des indications numériques en argent incrusté. Époque grecque.

58 — Deux lampes en bronze antique, l'une est munie d'un couvercle, l'autre est ornementée au pourtour et l'anse disposée en bec d'oiseau. Époque romaine.

59 — Petite statuette en bronze, représentant un personnage debout, coiffé d'un capuchon, vêtu d'une robe collante, la main droite avancée. Style archaïque. Époque étrusque.

60 — Quatre petites statuettes en bronze antique : Guerrier debout, tnnant une lance et un bouclier. Génie ailé. Silène portant des fruits et enfant nu courant sur la droite. Une petite tête coiffée d'un casque à cimier.

61 — Miroir en bronze antique, à bordure dentelée, orné de cercles concentriques gravés. Époque romaine.

OBJETS DIVERS

62 — Tête de cheval en ivoire sculpté. Époque romaine.

63 — Un lot de cuillers, spatules, aiguilles, épingles de coiffure en os et en ivoire.

64 — Deux scarabées égyptiens en pierre dure.

65 — Différents camées, pierres gravées et scarabées en calcédoine, onyx et terre émaillée. (A diviser.)

66 — Fragment de statue en marbre blanc antique, présentant un bras gauche portant la massue d'Hercule.

67 — Couvercle de petit sarcophage en marbre blanc antique; il est orné de deux personnages vus à mi-corps, disposés entre deux mascarons, l'un tenant un sistre et l'autre une palme.

OBJETS D'ART

CÉRAMIQUE, VERRERIE

68 — Plat rond en ancienne faïence hispano-mauresque à reflets métalliques. Il est décoré au fond d'un oiseau passant à gauche, et, au marli, de feuilles stylisées.

69 — Plat en ancienne faïence italienne, à décor géométrique en bleu et manganèse sur fond blanc. Bordure jaune.

70 — Plat rond à ombilic en ancienne faïence italienne d'Urbino, décoré au milieu d'un buste de Sainte femme tenant un reliquaire, et au pourtour d'arabesques, d'oiseaux, de fleurs et de mascarons en couleur ocre sur fond blanc.

71 — Cornet de pharmacie en ancienne faïence italienne. Il est décoré de palmettes stylisées, d'un écusson armorié et d'une inscription : *Mastici*.

72 — Grosse bouteille en ancienne faïence italienne de Milan. Elle est décorée au pourtour de feuilles stylisées émaillées vert et jaune et est munie d'attaches, en forme de tête de lion, servant à passer des courroies de suspension.

73 — Bol en terre émaillée bleue, à décor d'arabesques en noir. Ancien travail oriental.

74 — Carreau en ancienne faïence orientale, à décor géométrique en bleu et blanc. Cadre en bois sculpté incrusté de burgau.

75 — Carreau en ancienne faïence orientale, à décor de tulipes en couleurs sur fond bleu. Cadre mouluré en bois.

76 — Deux carreaux en ancienne faïence orientale, à décor bleu. Cadre en bois sculpté.

77 — Plat ovale, à décor de reptiles et de poissons. Terre émaillée genre Palissy.

78 — Vase, de forme Médicis, en ancienne faïence italienne, décorée à l'imitation du marbre jaune.

79 — Encrier en porcelaine de Naples, présentant une figure allégorique du Temps assis et écrivant sur un livre.

80 — Couvercle de rafraîchissoir en porcelaine, décoré d'un groupe de lutteurs.

81 — Quatre statuettes en porcelaine de Saxe décorée, et personnifiant, sous les traits de jeunes femmes portant divers attributs, les Sens : la Vue, le Goût, l'Odorat, le Toucher.

82 — Buste de général en biscuit. Socle mouluré en porcelaine bleue et or.

83 — Deux statuettes en faïence blanche, l'un présente une baigneuse debout et nue adossée à un tronc d'arbre, retenant une draperie devant elle. L'autre présente un jeune berger nu, adossé à un tronc d'arbre, tenant de ses deux mains un chevreau.

84 — Médaille en terre vernissée.

85 — Seau, de forme circulaire, à bord octogonal, muni d'une anse mobile en torsade. Verre de Venise.

86 — Deux coupes anciennes en verre de Venise, l'une sur pied bas et décorée d'ornements bleus ; l'autre sans pied et ornée d'une bordure formée de points d'émail en couleurs.

87 — Différents verres de Venise en forme de fruits. Quatre pièces.

88 — Bocal couvert, de forme cylindrique, en verre émaillé, décoré des armes de l'Empire et d'une inscription allemande.

89 — Différentes pièces, de formes variées, quelques-unes décorées en couleurs, en verre de Venise : bouteilles, flacons, coupes, verres, etc. Environ trente pièces. (A diviser).

TABLEAUX ET MINIATURES

90 — École vénitienne. Le Passage du Jourdain, composition à nombreux personnages.

Toile. Haut., 57 cent.

91 — École italienne. La Sainte Famille. Cadre ancien en bois doré finement sculpté et présentant des Amours au milieu de rinceaux.

Toile. Haut., 1 mètre ; larg., 1 m. 10 cent.

92 — Michel-Ange de Caravaggio (Attribué à). Judith, aidée de sa servante, met dans un sac la tête d'Holopherne. Cadre doré.

Toile. Haut., 1 m. 35 cent. ; larg. 1 m. 58 cent.

93 — Miniature : Portrait de garçonnet, vêtu d'un uniforme blanc à col rouge et à boutons dorés. Il est vu de trois quarts à droite, la tête tournée de face. Cadre doré.

94 — Miniature : Portrait de femme vue de trois quarts à gauche. Elle est parée de bijoux et vêtue d'une collerette de dentelle. Cadre doré.

95 — Miniature : Portrait d'homme vu de trois quarts à droite, vêtu d'un habit marron et d'un jabot de dentelle. Il porte une perruque poudrée. Cadre doré.

96 — Miniature, présentant un homme tourné de trois quarts à droite, vêtu d'un uniforme gris, à boutons d'or. Cadre en bois sculpté et doré orné d'une coquille et de rinceaux.

97 — Miniature : Buste de femme coiffée d'une volumineuse perruque retombant en boucles sur les épaules. Elle est vêtue d'un corsage décolleté. Cadre en or et perles.

98 — Miniature : Buste de femme vue de trois quarts à droite et vêtue d'un corsage bleu de ciel amplement décolleté, un ruban plissé autour du cou. Cadre en cuivre orné d'un nœud de ruban.

99 — Miniature ronde : Buste de femme vêtue d'un corsage vert largement décolleté, le cou paré d'un collier auquel est suspendue une croix.

100 — Miniature ronde : Scène galante.

101 — Miniature : Buste de femme, vue de face, décolletée, vêtue d'un corsage de dentelle, les épaules couvertes par un manteau bleu. Au revers, des fleurettes et un monogramme composé de deux lettres enlacées.

102 — Miniature : Buste d'homme de trois quarts à gauche, coiffé d'une longue perruque ; il porte un vêtement noir garni d'un col de dentelle blanche.

103 — Miniature : Buste de femme vue de face, portant un corsage décolleté, le cou paré d'un collier de perles. Cadre en argent de forme ovale.

104 — Petite miniature : Buste de femme tournée de trois quarts à droite. Cadre noir ovale, serti de cuivre.

105 — Miniature : Portrait d'homme de trois quarts à droite, vêtu d'un uniforme d'officier autrichien.

106 — Miniature : Portrait d'homme vu de trois quarts à droite, le cou orné d'une fraise tuyautée.

107 — Miniature : Portrait de femme vue de trois quarts à droite, vêtue d'un corsage rouge et d'un manteau vert. Cadre mouluré en écaille. XVIIIe siècle.

108 — Miniature : Portrait d'officier, vêtu d'un uniforme bleu, tourné de trois quarts vers la gauche.

109 — Miniature : Portrait d'homme en buste vu de trois quarts à gauche, la tête tournée de face, vêtu d'un habit gris et d'un jabot de dentelle.

110 — Miniature : Buste de femme rousse, de face, très décolletée et en partie couverte d'une draperie bleue.

111 — Peinture ovale, présentant la Vierge en buste de trois quarts à droite, les mains jointes sur la poitrine.

OBJETS VARIÉS

112 — Monstrance en cuivre repoussé et doré, disposée sur un pied circulaire présentant des personnages religieux. XVIe siècle.

113 — Reliquaire en cuivre repoussé, en forme de boite rectangulaire, disposée sur un pied orné de fleurettes repoussées. XVIe siècle.

114 — Encensoir en bronze fondu, le couvercle simule un monument à fenestrages et arcatures gothiques. XVe siècle.

115 — Deux statuettes en bronze, présentant des enfants nus, l'un portant des fleurs et l'autre des fruits. Socles ronds en marbre vert.

116 — Statuette-applique en bronze fondu, présentant un enfant nu étendu. XVIIe siècle.

117 — Un lot d'anneaux de tiroirs en bronze giselé, ornés de mascarons provenant d'un cabinet italien. XVIIe siècle.

118 — Plaquette ronde en bronze fondu, présentant deux personnages de style antique de chaque côté d'un autel.

119 — Plaquette rectangulaire en bronze patiné : Judith mettant dans un sac la tête d'Holopherne.

120 — Petite plaque en or repoussé, présentant un oiseau passant vers la gauche, et ornée de deux cabochons en grenat. Travail d'Extrême-Orient.

121 — Flacon-aspersoir en bronze incrusté d'argent. Ancien travail oriental.

122 — Deux appliques à trois lumières en bronze ciselé et doré, présentant des cariatides de femmes, les bras étendus. Époque Empire.

123 — Paire d'appliques en fer forgé simulant des dragons ailés.

124 — Statuette en bronze, présentant un officier de l'armée révolutionnaire. 1793.

125 — Deux statuettes en bronze, présentant des grenadiers de la Garde. Sur le socle, l'inscription : *décembre 1805.*

126 — Deux petites assiettes en étain, l'une présente Ferdinand II à cheval au centre, et le marli est orné de diverses figures de cavaliers et d'inscriptions les identifiant. L'autre présente le Christ de Résurrection au fond, et le marli est décoré d'anges et de divers personnages portant des attributs. XVIe siècle.

127 — Fragment de statuette en terre cuite : Christ de douleur. XVIe siècle.

128 — Deux médaillons ronds en cire : Buste de personnage antique vu de face et un buste d'homme vu de profil à droite. Fond de verre et cadres dorés.

129 — Deux médaillons en cire, présentant deux bustes de style antique : homme et femme tournés de profil sur fond de verre bleu.

130 — Quatre bas-reliefs en cire, présentant des personnages de la famille Caraffa, vus à mi-corps cuirassés et disposés sur une console ornée d'armoiries. Cadres moulurés dorés. Ancien travail italien, XVIIe siècle.

131 — Crucifix en ambre de deux couleurs. Le soubassement mouluré et la tige sont ornés de petites plaques en ivoire sculpté et découpé, présentant des perssnnages religieux. XVIIe siècle. Écrin en cuir orné de dorure.

132 — Arbalète à crosse incrustée d'ivoire, à décor d'animaux, de personnages et d'armoiries au milieu de rinceaux. Fin du XVIe siècle.

133 — Une dague à lame ajourée, à poignée ciselée et repercée.

134 — Petite pince en fer ciselé, ornée de mascarons.

135 — Quatre petits cadres en bois sculpté et doré, de formes variées, à décor de fleurettes, rinceaux et nœuds de ruban.

136 — Cadre ovale en cuivre repoussé, à décor de fleurettes et de rinceaux. Petit cadre ovale en bronze argenté. Deux pièces.

137 — Petit tableau façonné en perles de verre et représentant la Vierge voilée et nimbée, vue à mi-corps.

138 — Petite peinture sous verre, présentant la Vierge assise, tenant l'Enfant Jésus. Cadre en bois mouluré décoré d'arabesques d'or. Travail italien du XVIIe siècle.

139 — Deux petits tableaux, présentant chacun une scène religieuse sur fond de paysage et de bâtiments, dans des cadres moulurés en verre de Venise. XVIIe siècle.

140 — Deux plaques en verre églomisé à fond doré, présentant des écussons d'armoiries. Cadre mouluré en bois noir. XVIIe siècle.

141 — Bas-relief en marbre blanc, présentant un lièvre passant vers la droite, au milieu de rinceaux. XIIe siècle.

142 — Buste en marbre blanc grandeur nature, présentant un personnage cuirassé et drapé.

143 — Un lot de moulages en plâtre, de coffrets et de plaques d'ivoire.

144 — Vitrine murale ouvrant à une porte ; à montants-colonnettes ornés de dragons sculptés en bois noir.

145 — Deux vitrines plates, avec portes placées derrière. Tables en bois noir.

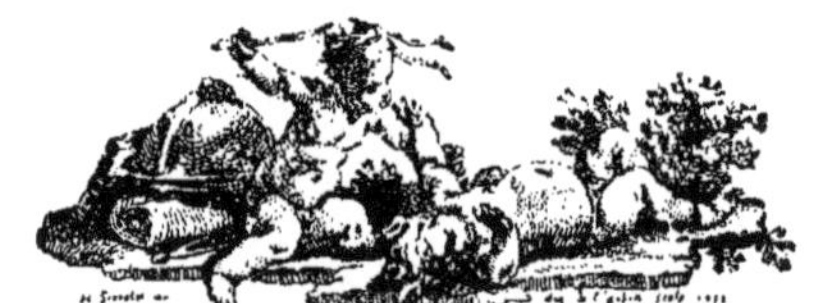

www.ingramcontent.com/pod-product-compliance
Ingram Content Group UK Ltd.
Pitfield, Milton Keynes, MK11 3LW, UK
UKHW020537180726
13839UKWH00006B/2559

9 782329 53281